Hermano Sol, hermana Luna

Hermano Sol, hermana Luna

La historia de san Francisco

Margaret Mayo

ilustraciones de
Peter Malone

BLUME

A mi marido, Peter

MM

A Phoebe e Imogen

PM

BLUME

Título original:
Brother Sun, Sister Moon. The Story of St Francis

Diseño:
Louise Millar

Traducción:
Jorge González Batlle / Cristina Rodríguez Castillo

Coordinación de la edición en lengua española:
Cristina Rodríguez Fischer

Primera edición en lengua española 2002

© 2002 Art Blume, S. L.
Av. Mare de Déu de Lorda, 20 • 08034 Barcelona
Tel. 93 205 40 00 • Fax 93 205 14 41
E-mail: info@blume.net
© 1999 Orion Publishing Group Limited, Londres
© 1999 del texto, Margaret Mayo
© 1999 de las ilustraciones, Peter Malone

I.S.B.N.: 84-95939-31-2
Depósito legal: B.38.304-2002
Impreso en Filabo, S.A., Sant Joan Despí (Barcelona)

CONSULTE EL CATÁLOGO DE PUBLICACIONES *ON LINE*
INTERNET: HTTP://WWW.BLUME.NET

Contenido

El pequeño gran hombre de Asís

En todo el mundo se sigue hablando aún hoy de esa gran persona que fue san Francisco, nacido hace más de ochocientos años en la ciudad italiana de Asís. A pesar de que procedía de una familia adinerada, san Francisco eligió una vida de pobreza.

Era el hijo de un comerciante de tejidos y, en el momento de su nacimiento, su padre se encontraba en el sur de Francia. Por ello, al regresar a su hogar, llamó cariñosamente a su hijo recién nacido «el francés», es decir, Francesco (en español, Francisco).

Francisco creció en la época de las cruzadas,
y su sueño era llegar a convertirse algún día en un
valiente y famoso caballero de brillante armadura.
En ocasiones trabajaba ayudando a su padre a vender
prendas de lana en los mercados locales, pero
la mayor parte del tiempo llevaba una vida totalmente
despreocupada. Sus padres le daban todo lo que quería
y se gastaba el dinero en toda clase de caprichos en
compañía de sus amigos. Le gustaba ir vestido con
ropas de brillantes colores, y le encantaban las bromas
y las sorpresas.

Una vez se puso una capa hecha de pedazos de ricas telas y antiguos tejidos, y se convirtió en el centro de los comentarios de toda la ciudad.

Cuando se encontraba con sus amigos, organizaban grandes fiestas con abundante comida y vino. En ellas había juglares y acróbatas, así como cantantes y músicos, y Francisco, que adoraba cantar, se unía a menudo a ellos.

Cuando cumplió veinte años, estalló una guerra entre las ciudades de Asís y Perusa. Ataviado con una brillante armadura y montado en un espléndido caballo, Francisco se dirigió al galope en busca de la gloria y la victoria. Pero la batalla fue breve: Asís fue derrotada y Francisco cayó preso, tras lo cual pasó todo un año en una fría y horrible prisión. Entonces cayó enfermo y su padre tuvo que pagar un rescate para que lo liberaran.

Tras una larga enfermedad, Francisco volvió a su antigua vida de lujos y placeres. Pero la enfermedad y la prisión lo habían cambiado, y ahora se le podía ver a veces caminando solo por la montaña sumido en la meditación y la oración.

Un día, mientras cabalgaba por el campo, vio a un hombre enfermo de lepra. Francisco estuvo a punto de lanzarle unas monedas y alejarse cabalgando, cuando de repente le sobrevino un sentimiento de profunda compasión. Entonces se bajó del caballo, depositó las monedas en la mano del leproso y acto seguido se la besó. Desde aquel momento, empezó a visitar periódicamente la pequeña casa de leprosos que había cerca de Asís, y siempre les llevaba ropa y comida.

Otro día, no mucho tiempo después, Francisco fue a la iglesia de San Damián, a las afueras de Asís, que se encontraba en ruinas.

Mientras rezaba, oyó una voz que le dijo:

—Francisco, mi iglesia se cae a pedazos. Repárala para mí.

Francisco se sintió muy feliz, pues estaba convencido de que era Dios quien le había hablado. Se fue corriendo a su casa, cargó varios fardos de ropa de lana en un caballo y se dirigió a la vecina ciudad de Foligno. Una vez allí, vendió toda las prendas, así como el caballo.

Después, regresó andando a San Damián, fue en busca del párroco y le ofreció una bolsa repleta de dinero. Pero el párroco se negó a aceptarla porque el dinero pertenecía en realidad al padre de Francisco. Profundamente molesto y decepcionado, Francisco arrojó la bolsa a la repisa de una ventana y se fue.

Su padre se puso furioso cuando se enteró de lo que había hecho y finalmente Francisco decidió abandonar su hogar y vivir pobremente al aire libre, durmiendo en cuevas y pidiendo limosna para comer. Por si fuera poco, su padre le acusó de robo y se vio obligado a comparecer ante la corte del obispo de Asís.

Francisco llegó a la corte con la bolsa de dinero en la mano. Había regresado a San Damián y la había encontrado todavía en la misma repisa de la ventana donde la había dejado. En silencio, dejó la bolsa a los pies de su padre para sorpresa de todo el mundo. Después, se quitó toda la ropa y la depositó junto a la bolsa.

—Lo devuelvo todo —dijo—. Y ahora ya sólo tengo un Padre, que es el que está en el cielo.

Su padre no dijo nada y nunca más volvió a dirigirle la palabra. El obispo, sin embargo, cubrió a Francisco con su propio manto y envió a un criado a por algunas prendas viejas.

Cuando Francisco abandonó el palacio del obispo, supo que acababa de iniciar una nueva vida. En el

fondo sería un caballero después de todo, pero al servicio de Jesús. El suelo estaba recubierto de nieve, pero estaba tan contento que mientras recorría los bosques de las afueras de Asís se puso a cantar una de sus canciones favoritas.

Durante los dos años siguientes, además de cuidar a los leprosos, Francisco estuvo muy ocupado en la reconstrucción de tres iglesias en ruinas. Trabajaba con sus propias manos, cargando con ellas las piedras y el resto del material que necesitaba. Vivía solo y rezaba. Al mismo tiempo, estudiaba el Sol, la Luna y las estrellas, el viento y la lluvia, los árboles y las flores. Sentía un afecto especial por todos los pájaros y los demás animales salvajes, incluidos los peces y los insectos. A todos ellos los consideraba sus hermanos y hermanas.

Uno de sus pájaros preferidos era la alondra.

—Hermana Alondra, eres un pájaro humilde —solía decir—. Tus alas no brillan, pues son del color de la tierra. Pero, hermana Alondra, cuando vuelas, cantas la más dulce y preciosa de las melodías.

Un día, mientras asistía a una misa, oyó cómo el sacerdote leía de la Biblia las siguientes palabras de Jesús: «Id y extended por todo el mundo la buena nueva de Dios. Id de dos en dos y no llevéis nada con vosotros, ni dinero ni ropa de sobras ni comida. No hay necesidad de llevar calzado ni bastón alguno».

Francisco supo entonces que era ése el modo en que tenía que vivir de ahora en adelante. Era concretamente el 24 de febrero del año 1208, y en aquel momento tenía veintiséis años. A partir de entonces, Francisco

caminó con los pies descalzos, vestido únicamente
con un sayo largo y de tela basta, sujeto por medio
de una cuerda a la altura de la cintura. Al mismo tiempo,
empezó a frecuentar la plaza del mercado de Asís, donde
hablaba de Dios. Poco a poco, la gente empezó a pararse
y a escucharlo.

Al cabo de unas pocas semanas, tres hombres le
preguntaron si podían unírsele y Francisco estuvo de
acuerdo. Pero primero tenían que vender todo cuanto
poseían y dar su dinero a los pobres. Uno de ellos,
Bernardo, era muy rico.

Todos tenían que vestir además el mismo sayo que
Francisco. Para hacerse con la comida y las prendas
que necesitaban para vivir tenían que trabajar con sus
propias manos y, si no, tenían que mendigar. De noche
dormían en unas cabañas construidas con ramas
entrelazadas, en cuevas o bien a cielo raso.

Pasaban muchas horas rezando y visitaban
de dos en dos las ciudades y demás localidades de
la zona hablando del amor y la generosidad
de Dios.

Al cabo de un año, Francisco contaba ya con
siete compañeros. Juntos escribieron unas sencillas
reglas acerca de cómo debían vivir. Una vez hecho,
se dirigieron a Roma, donde visitaron al papa,
quien dio su consentimiento a su modo de vida.

Francisco puso a su congregación el nombre
de Frailes Menores, pues no deseaba un nombre
grandilocuente ni pomposo. El número de compañeros
o hermanos aumentaba sin cesar, y no tardaron en viajar
cada vez más lejos, a lugares como España, Alemania o
el norte de África. En una ocasión, el propio Francisco
viajó a Egipto, donde los cruzados se encontraban
en combate, pero quedó horrorizado ante la muerte
y el sufrimiento ocasionados por la guerra.

En el año 1212, Clara, una joven de dieciocho
años hija de un noble, abandonó su hogar en Asís
para vivir también una vida de oración y pobreza.
Francisco la acogió, le dio un sayo como el suyo
y le cortó el cabello. Luego Clara se fue a vivir
a una casa con jardín situada muy cerca de la iglesia
de San Damián que Francisco había reconstruido.

Al poco tiempo se le unieron otras mujeres.
En aquella época las mujeres no podían viajar
libremente ni hablar en lugares públicos como
hacía Francisco, así que llevaban una vida recogida,
cuidando el jardín y rezando horas y horas. Francisco
llamó a Clara y a las otras mujeres «las damas pobres»,
y todavía hoy en día hay mujeres que viven como
ellas, a las que se les conoce con el nombre de
«clarisas».

Por aquel entonces,
Francisco era tan apreciado
que cuando visitaba una
población o un pueblo
las campanas de la iglesia
tañían sin cesar, los más
pequeños aplaudían y alzaban
ramas hacia lo alto, y todo el mundo
corría hacia él para intentar tocarlo.

Siempre empezaba diciendo «La paz
de Dios esté con vosotros», y luego proseguía hablando
con palabras sencillas que todo el mundo entendía sin
problemas.

Aun cuando alcanzó gran celebridad y a su
congregación se unieron cientos de hermanos, nunca
dejó de ser el mismo Francisco vestido con su humilde
sayo lleno de remiendos. El mismo que amaba la
paz, que pasaba horas y horas rezando y que se tenía
por el paladín de la dama Pobreza. El mismo que gustaba
de cantar y gastar bromas a sus amigos.

En sus últimos años, Francisco cayó enfermo muchas veces. Sufría grandes dolores y poco a poco se fue quedando ciego. Murió en el año 1226, cuando apenas contaba con cuarenta y cuatro años de edad.

Según se cuenta, el mismo día en que murió una bandada de alondras sobrevoló el tejado del edificio en el que se hallaba, volaron a baja altura y describieron un enorme círculo al tiempo que cantaban dulcemente.

De cómo san Francisco amansó a un feroz lobo

Hubo un tiempo en que un enorme lobo, muy feroz, merodeaba por las colinas de los alrededores del pueblo italiano de Gubbio. Siempre estaba hambriento, y mataba y devoraba no sólo a animales, sino también a hombres.

Todo el mundo estaba aterrorizado y, como el lobo solía acercarse hasta las mismas murallas de la localidad, nadie se sentía seguro, ni los niños que jugaban en el campo, ni los campesinos que recogían la uva de las viñas o las aceitunas de los olivos, ni siquiera el leñador que iba al bosque a por leña.

Llegó un momento en que nadie se atrevía a aventurarse por el campo sin ir fuertemente armado, como si fuera a la guerra. Pero el lobo era muy astuto y rápido, y era del todo imposible escapar de sus afilados dientes y sus crueles garras aun llevando armas.

Todo el mundo hablaba del lobo. No podían olvidarse de él ni siquiera de noche, pues emitía unos largos y fuertes aullidos que se oían hasta con los oídos tapados bajo las sábanas.

Un día, Francisco llegó a Gubbio acompañado de un hermano. Cuando oyó hablar del lobo, no pudo evitar entristecerse y sintió pena por la atemorizada gente del lugar.

—Tengo que ir a hablar con el hermano Lobo —dijo. Todo el mundo se preocupó.

—¡No, no, no! —exclamaron—. ¡No salgas fuera de la muralla, hermano Francisco, pues de lo contrario el lobo te matará!

—No temáis. El Creador de todas las cosas cuidará de mí —les tranquilizó Francisco. Y sin ni siquiera tomar un bastón con el que defenderse, salió.

El hermano marchó tras él para intentar disuadirlo, y con él fueron unos cuantos campesinos valientes. Pero cuando se vieron fuera de la protección de las murallas, los campesinos sintieron sus pies pesados y se quedaron atrás: tenían miedo.

Francisco se dirigió a ellos.

—¡Quedaos aquí! —dijo—. Yo continuaré y encontraré al lobo.

Dicho esto, se puso de nuevo en camino con el hermano detrás, intentando seguir su paso.

Mientras tanto, los habitantes de Gubbio se
agolpaban en lo alto de las murallas, los árboles
y los tejados de las casas con los ojos como platos,
la boca entreabierta y preguntándose qué pasaría.

Y de repente, apareció corriendo a lo lejos,
casi volando, un destello de color gris con una
inmensa dentadura de color blanco.

Francisco permaneció totalmente inmóvil, y,
tras levantar la mano, hizo la señal de la cruz. Por
un momento, el lobo pareció dudar, dejó de mostrar
sus crueles dientes y aminoró el paso.

Francisco le dijo:

—¡Ven, hermano Lobo! En el nombre de Jesucristo, te exhorto a que no me hagas daño ni a mí ni a nadie.

Entonces ocurrió algo sorprendente. El lobo, con todo lo grande y feroz que era, se dirigió a Francisco, inclinó su cabeza y se estiró en el suelo tapándose el hocico con las garras.

—¡Hermano Lobo, hermano Lobo! —empezó a decirle Francisco amonestándolo con la mano—. Has hecho cosas terribles. Sé que tenías hambre, pero mataste y mataste sin cesar. Ahora todo el mundo te odia y quiere librarse de ti. Pero es mi deseo que reine la paz entre los habitantes del pueblo y tú.

En ese preciso momento, el lobo alzó la cabeza y bajó las orejas.

—En primer lugar, hermano Lobo —prosiguió Francisco—, debes darme prueba de que te arrepientes de todo lo que has hecho.

El lobo asintió con la cabeza moviendo las orejas y el rabo de arriba hacia abajo.

—¡Bien! —exclamó Francisco—. Ahora te prometo que el pueblo de Gubbio te dará de comer todos los días durante todo el tiempo que vivas siempre y cuando me prometas que nunca más volverás a atacar a ningún ser vivo, ya sea un animal o una persona. ¿Estás de acuerdo?

El lobo asintió con la cabeza. Francisco tendió la mano derecha y el lobo levantó a su vez la pata derecha, y sellaron su promesa con toda solemnidad.

—Ven conmigo al pueblo —le dijo Francisco sonriendo—. No tienes por qué tener miedo, hermano Lobo.

Acto seguido se puso en camino con el lobo correteando a su lado como si se tratara de un corderillo, y tras ellos el hermano se afanaba lo mejor que podía para seguirles el paso.

Mientras tanto, en Gubbio reinaba la expectación. Cuando Francisco y el lobo llegaron a la plaza del mercado, ésta estaba repleta de gente subida una encima de la otra para ver a Francisco y al lobo.

—¡Estad en paz, queridos vecinos de Gubbio! —exclamó Francisco, y de repente se hizo un gran silencio—. ¡Traigo buenas noticias! El hermano Lobo desea deciros que está profundamente arrepentido de todas las cosas terribles que os ha hecho. ¡Pero aún hay más! Me ha prometido que no hará daño a ningún ser vivo nunca más si prometéis alimentarlo generosamente todos los días. Sé que os estoy pidiendo un gran, grandísimo favor, pero ¿estáis dispuestos a perdonarle? ¿Le trataréis bien y lo alimentaréis?

A sus espaldas se oyeron unas voces asintiendo.

—¡Lo prometemos! —gritaron—. ¡Hermano Francisco, te lo prometemos!

—Hermano Lobo —, añadió Francisco—, muéstrales que estás profundamente arrepentido y realiza una vez más tu promesa delante de todos ellos.

Y el lobo se extendió en el suelo todo lo grande que era, inclinó su cabeza, y movió las orejas y la cola arriba y abajo como si dijera «lo siento».

Francisco le extendió la mano derecha y el lobo alzó a su vez la pata derecha, y de nuevo sellaron la promesa con toda solemnidad.

¡Qué contentos estaban los habitantes del pueblo! De repente todo el mundo se puso a gritar de alegría cada vez con más fuerza, como queriendo llegar con sus voces hasta el cielo. Los niños saltaban y bailaban, gritando de alegría. Los hombres agitaban los brazos en alto y las mujeres abrazaban a sus bebés.

—¡Gracias, hermano Francisco! —exclamaron—.
¡Gracias y demos gracias al Señor por haberte enviado
a ayudarnos!

Al cabo de unos pocos días, Francisco y el hermano
abandonaron Gubbio, pues tenían otras muchas
localidades que visitar.

Pero el lobo y los habitantes de Gubbio mantuvieron
su promesa de vivir en paz. El lobo no hizo daño a nadie
y nadie hizo daño al lobo, que iba tranquilamente de
puerta en puerta como un animal de compañía más.
Siempre era bien recibido allí donde iba y le obsequiaban

con abundante comida. Y, tal vez lo más sorprendente de todo, ningún perro gruñía al pasar junto a él.

Cuando, con el tiempo, el lobo se hizo viejo y murió, todo el mundo se puso triste, sobre todo los niños, que sentían mucho cariño por el hermano Lobo.

Los años pasaron, pero los habitantes de Gubbio nunca olvidaron al generoso Francisco y cómo éste amansó al feroz lobo que atemorizaba a la región. Desde entonces relatan esta historia una y otra vez a sus hijos, a sus nietos, a sus bisnietos..., y es así cómo este hermoso relato ha llegado hasta nuestros días.

San Francisco habla con los pájaros

Una mañana temprano, Francisco y otros hermanos salieron a pasar el día en la campiña italiana. Hacía un día muy bueno y, tras dejar el camino principal, se pusieron a caminar por sinuosos senderos a través del campo, pasando junto a viñas recién rebrotadas, olivos de color verde grisáceo y campos de maíz recién brotado.

Al cabo de un rato llegaron a un prado de hierba
con unos cuantos arbustos dispersos y un pequeño
bosque al fondo, poblado por infinidad de pájaros.
Éstos estaban por todas partes, en la hierba, sobre las
ramas de los árboles y junto a los arbustos. Los había
de todas las especies: alondras, palomas, cuervos, grajos,
golondrinas y otras muchas especies más. Parecía como
si esperaran a alguien.

Cuando Francisco los vio, no se detuvo para
mirarlos. Sentía un gran cariño por los pájaros y estaba
tan entusiasmado que corrió hacia ellos. Pero los pájaros
no echaron a volar. No movieron ni una pluma. No
estaban asustados en absoluto.

Los hermanos estaban asombrados, y entonces
Francisco se detuvo y miró a su alrededor:

—Pequeños hermanos —les dijo a los pájaros—,
estad en paz. Y los pájaros giraron sus cabecitas hacia él,
como si lo escucharan.

—Mis queridos hermanos, ¡sois tan afortunados!
¡Pensad en ello! Sois una maravilla: tenéis plumas que os
ayudan a conservar el calor y unas alas con las que podéis
volar por donde queréis. En cuanto al sustento, lo tenéis
por todos lados y no os cuesta nada, a diferencia de los
campesinos, que tienen que cavar la tierra y cultivar las
plantas. Por todo ello, deberíais cantar siempre y en todo
lugar canciones de agradecimiento al Creador.

Los pájaros abrieron sus picos y batieron sus alas, mirando en todo momento a Francisco.

Con gestos pausados, Francisco empezó a pasear entre los pájaros acariciando sus cabecitas y sus alas. Muchos de los que estaban en las ramas de los árboles bajaron hasta donde él se encontraba, quedándose unos a sus pies, otros revoloteando a su alrededor, y otros posándose en sus hombros o en sus brazos, completamente extendidos.

En un momento dado, Francisco levantó la mano e hizo la señal de la cruz.

—¡Volad, pequeños hermanos! —les dijo—. Pero no os olvidéis de entonar canciones de agradecimiento.

Entonces, todos los pájaros extendieron sus alas y echaron a volar cada vez más alto, fundidos en una enorme masa de alas y plumas.

Francisco regresó junto con sus hermanos, que habían estado observando todo el tiempo.

—Es la primera vez que he hablado con nuestros hermanos los pájaros —aclaró—, pero no será la última.

Los hermanos asintieron con la cabeza. No podían sino estar de acuerdo con Francisco.

La mula, el buey y el niño de Belén
Cuento de Navidad

Francisco hacía siempre cosas que se salían de lo normal. Era como una caja de sorpresas y una de sus sorpresas más entrañables y afortunadas tuvo lugar precisamente en fechas navideñas.

Unos tres años antes de morir, Francisco vivía en compañía de unos cuantos hermanos en unas cuevas situadas en las montañas próximas a la pequeña localidad de Greccio. Era casi Navidad, la fiesta preferida de Francisco, a la que llamaba la «fiesta de las fiestas».

Francisco estaba pensando en el nacimiento de Jesús.

—Me gustaría hacerlo realidad —pensaba—, de forma que todo el mundo pudiera ver por sí mismo el lugar tan humilde y sencillo en que nació Jesús, el niño de Belén. No fue un palacio, no, sino un establo.

De golpe sus ojos se iluminaron. Se le ocurrió una idea...

Francisco acababa de salir de una enfermedad y todavía padecía grandes dolores, así que fue en busca de Juan, un hermano por el que sentía gran aprecio.

—Necesito que me ayudes —le dijo Francisco—. Se trata de algo muy especial. El día de Navidad tienes que...

Entonces, Francisco le explicó su plan.

—Pero mantenlo en secreto. Quiero que sea una sorpresa.

El día de Navidad Juan se dirigió a la casa de un campesino anciano.

—¿Me podrías prestar tu buey? —le preguntó—. Francisco lo necesita esta noche para algo muy especial.

—Puedes llevarle al hermano Francisco todo cuanto desee —le contestó el anciano, que al igual que otra mucha gente sentía un gran aprecio por Francisco.

—¿Podría llevarme prestada también la mula? ¿Y algo de heno y el pesebre? —le preguntó de nuevo Juan.

—Por supuesto —le contestó el anciano—. Pero, ¿para qué lo quiere? ¡Precisamente hoy, que es la noche de las noches, la noche de Navidad!

Juan se llevó el índice a los labios.

—Es un secreto. Será toda una sorpresa —le susurró al oído—. Ven a la misa del gallo que se celebrará en la iglesia del bosque y ya lo verás.

Después de cargar en el lomo de la pequeña mula el pesebre repleto de heno, Juan tomó el camino de regreso acompañado de ésta y del buey.

La noticia corrió por todo el pueblo. Una gran sorpresa... esta noche... durante la misa del gallo en la iglesia del bosque... Francisco estará allí.

Ya entrada la noche, las puertas se abrieron y se cerraron todas a una. Jóvenes y ancianos, todos abandonaron sus casas caminando a paso rápido los primeros, cojeando o arrastrando los pies los segundos, provistos todos ellos de una antorcha o un candil para poder orientarse en la oscuridad.

Riendo y cantando, dirigieron sus pasos a través del bosque. Uno a uno, entraron en la iglesia y al hacerlo salió de sus bocas un largo «¡Ooooh!». ¡Menuda sorpresa!

Allí, dentro de la propia iglesia, había un pesebre repleto de heno con una mula y un buey a ambos lados del mismo. Muy cerca estaba Francisco, delgado y débil, vestido con su sayo marrón lleno de remiendos, pero sonriendo en todo momento mientras contemplaba el pesebre, como si el propio niño Jesús estuviera en él.

La misa empezó y el sacerdote se colocó junto al
pesebre. Entonces Francisco entonó con su voz, hermosa
y clara, un pasaje del Evangelio en el que se describe el
nacimiento de Jesús. Al acabar, habló acerca del niño
de Belén, el rey Jesús.

—No nació en un palacio, sino en un sencillo establo
—afirmó Francisco—. Mirad y recordad esto siempre.
Era pobre y humilde.

Entonces pareció como si la gente que en ese
momento se encontraba en la iglesia viera realmente
a un niño encima del heno que había en aquel sencillo
pesebre, tal como sucediera en Belén tiempo atrás.

Y así acabó la noche de celebración, tras la cual
los jóvenes y los ancianos regresaron de nuevo a sus
casas a través del bosque, llenos de alegría y de paz.

Desde entonces, la preciosa sorpresa de Francisco
no ha dejado de repetirse en numerosas versiones.
Hoy en día, durante las fiestas navideñas de todo el
mundo, los pesebres siguen recordándonos que
el niño Jesús nació en un humilde establo de Belén.

Cinco cuentos breves

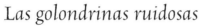

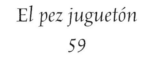

La liebre que cayó en una trampa

Un día, mientras uno de los hermanos paseaba por el campo, se encontró con una liebre que había caído presa en una trampa. Tras retirar la trampa con cuidado, la dejó en libertad. Pero la liebre estaba aterrorizada y era incapaz de moverse, por lo que el hermano decidió recogerla y llevársela a Francisco.

—Querida hermana Liebre —murmuró Francisco extendiendo sus brazos alrededor de ella al tiempo que la acariciaba suavemente—. Creí que eras más lista, pero te bastó dar un salto para caer en una trampa. ¿Cómo te dejaste engañar de esta forma?

Francisco le acarició la suave piel y la pequeña liebre saltó cariñosamente entre sus brazos.

—¿Te encuentras mejor ahora? —le preguntó—. ¿De verdad? Entonces, vete y vive de nuevo libre en el campo. ¡Pero no te vuelvas a dejar engañar! ¡Vigila las trampas!

Con mucho cuidado, depositó a la pequeña liebre en el suelo. Pero nada más hacerlo ésta volvió de inmediato a sus brazos. Y después de dejarla otra vez en el suelo, la liebre saltó de nuevo hacia él, y así hasta tres veces seguidas.

—Me parece que no te irás hasta que no me pierdas de vista —le dijo Francisco—. Lo mejor es que le pidas al buen hermano que te encontró que te lleve de nuevo al campo...

Y eso fue precisamente lo que hizo el hermano. Entonces, la liebre salió por fin corriendo y brincando alegremente, dispuesta a vivir en libertad.

Las golondrinas ruidosas

Una tarde se concentró alrededor de la plaza del mercado de un pueblo una gran muchedumbre. Francisco había llegado a la localidad, y todos querían verlo y escuchar lo que tuviera que decirles.

Francisco ya no era tan alto como antes, de manera que para que todo el mundo pudiera verlo se colocó en lo alto de un tramo de peldaños. Tras alzar la mano, hizo la señal de la cruz y se hizo el silencio.

—Hermanos y hermanas, que la paz de Dios esté con vosotros —empezó diciendo, y acto seguido se detuvo. No podía oír nada de lo que él mismo decía, y lo mismo les ocurría al resto de los asistentes.

Con el fresco de la tarde, un gran número de golondrinas se había reunido en la misma plaza del mercado. Algunas revoloteaban dibujando círculos y piando sin cesar, mientras que otras iban y venían continuamente construyendo sus nidos. ¡Qué escándalo!

Francisco levantó la vista y miró a las golondrinas.

—¡Hermanas mías, callaos un poco! —les dijo—. Ahora me toca a mí, ya ha pasado vuestro turno.

En ese preciso instante, las golondrinas dejaron de revolotear y se posaron todas en los tejados, mientras las que construían sus nidos también pararon. De ese modo, todas las golondrinas quedaron en el más absoluto silencio.

Francisco pudo entonces hablar de Dios y del modo en que la gente debía vivir. Utilizaba palabras sencillas, tal como era costumbre en él, y con sólo escucharlo la gente ya se sentía feliz.

Cuando hubo acabado, la gente empezó a murmurar entre sí:

—El hermano Francisco tiene que ser un santo, pues tan sólo un santo sería capaz de hacer callar a las golondrinas.

Mientras tanto, todos se acercaron hasta él para tocar a aquel hombre tan bueno y especial, el hermano Francisco.

El pez juguetón

Un día Francisco estaba cruzando en barca un lago cuando un pescador capturó un pez de gran tamaño.

—¡Para ti, hermano Francisco! ¡Es un regalo! —dijo el pescador sosteniendo en su mano el pez, todavía vivo y coleando.

Francisco estaba encantado. Dio las gracias al pescador por su generosidad y cogió firmemente el resbaladizo pez, que todavía seguía vivo y coleando.

—Hermano Pez —dijo Francisco. Y un destello brilló en sus ojos—. Hermoso hermano Pez, no te preocupes. No voy a comerte. Tú perteneces al agua.

Francisco se inclinó sobre un lado de la barca
y dejó caer el pez de nuevo al lago.

Entonces Francisco, como a menudo solía hacer,
empezó a rezar. Y mientras rezaba, el pez salía del agua
y se sumergía nuevamente en ella. Afuera y adentro,
el pez fue siguiendo juguetonamente la barca.

Cuando Francisco terminó su plegaria, abrió los ojos.

—¿Todavía aquí, hermano Pez? —preguntó—. ¿No sabes que ha llegado la hora de que te vayas a tu casa?

Y así fue como, con un salto final, el pez juguetón se sumergió y se sumergió hasta desaparecer.

El canto de la cigarra

Cerca de una pequeña cabaña donde a veces dormía
Francisco había crecido una higuera, y todos los días,
aproximadamente a la misma hora, una cigarra se subía
a una de sus ramas y entonaba una alegre canción.
Un día, Francisco extendió la mano y dijo:

—Hermana Cigarra, ven.

Y la cigarra se posó en su mano.

—Ahora, ¡canta, cigarra! ¡Eleva una plegaria al Creador!

Entonces la cigarra empezó a cantar, y Francisco,
a quien también le gustaba mucho cantar, la acompañó.
Los dos juntos entonaron un dueto. Cuando hubieron
cantado ya durante un buen rato, Francisco sonrió
y asintió con la cabeza, y entonces la cigarra se retiró
de su mano y regresó a la higuera.

Después de aquella ocasión, todos los días, a la hora en que la cigarra se posaba en la higuera, Francisco estaba allí esperándola. Y tras subirse la cigarra a su mano, ambos entonaban un dueto.

El canto de la cigarra acabó convirtiéndose en
toda una atracción y en un motivo tal de diversión
que los hermanos acudían siempre a escucharla.
Pero al séptimo día, Francisco dijo:

—Hermana Cigarra, te doy permiso para que vivas
tu propia vida. Has sido para nosotros un motivo de
enorme felicidad, pero no hay que abusar. Así que,
¡adiós, mi pequeña hermana, adiós!

Y la cigarra dio un salto y nunca más volvió
a aparecer en la higuera.

El *halcón amistoso*

En los últimos años de su vida, Francisco sufrió enormes dolores y largas enfermedades que lo dejaron muy debilitado. Pero aun así le gustaba visitar lugares lejanos y tranquilos donde poder meditar y rezar sin ser molestado.

Durante una temporada vivió solo en una pequeña cabaña, en lo alto de las colinas, donde trabó amistad con un halcón que construía su nido muy cerca de allí. Parecían entenderse el uno con el otro sin problema. Casi todas las mañanas, Francisco se levantaba cuando todavía era de noche y se ponía a rezar, momento en que el halcón empezaba a batir sus alas.

Algunas veces, muy pocas, Francisco caía presa del sueño. Cuando ello ocurría, el halcón le gritaba bien alto hasta despertarlo, situación ésta que divertía enormemente a Francisco.

—Ahora tengo al hermano Halcón para despertarme —decía—. No tengo excusa para levantarme tarde, ¡a no ser que sea por mera pereza!

Hasta que un buen día sucedió algo extraño. Una noche Francisco cayó enfermo, y durante la misma padeció fuertes dolores por lo que no dejó de suspirar. A la mañana siguiente, se durmió. Pero el halcón no batió sus alas a la hora acostumbrada, cuando todavía era de noche, sino que esperó a que el sol hubiera ya salido, y sólo entonces despertó a Francisco.

—Mi compasivo amigo —exclamó Francisco—. Pensaste sin duda que necesitaba algo de sueño y reposo adicional, ¿no es cierto?

El halcón batió sus alas.

—Sí, lo sé —añadió Francisco—. ¡Es hora de rezar!

Hermano Sol, hermana Luna

Nadie podría imaginarse que el precioso poema titulado *El cántico del hermano Sol* fuera escrito por Francisco durante su última enfermedad, el mismo año en que falleció. A pesar de los intensos dolores, compuso también una melodía para acompañar los versos e instó a sus hermanos a que la cantaran siempre que pudieran.

Hermano Sol, hermana Luna

Altísimo, omnipotente, buen Señor,
tuyas son las alabanzas, la gloria y el honor y toda bendición.
Loado seas, mi Señor, con todas tus criaturas...

Loado seas, mi Señor, por la hermana Luna y las estrellas,
en el cielo las has formado luminosas, preciosas y bellas.

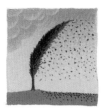

Loado seas, mi Señor, por los hermanos Viento y Aire,
    y por todos los climas, nublado, sereno o tormentoso,
    por los cuales a tus criaturas das sustento.

Loado seas, mi Señor, por la hermana Agua,
    tan útil y humilde, preciosa y casta.

Loado seas, mi Señor, por el hermano Fuego,
por el cual alumbras la noche.
Él es bello y alegre, robusto y fuerte.

Loado seas, mi Señor, por nuestra hermana la madre Tierra,
la cual nos sustenta y gobierna,
y nos proporciona frutos, hierbas y coloridas flores.

Load y bendecid a mi Señor,
Y dadle gracias y servidle
con gran humildad.

San Francisco
1182-1226

En el momento de su muerte, san Francisco era tan querido y admirado que no tardó en ponerse por escrito la historia de su vida. En tan sólo tres años, el hermano Tomás de Celano completó dicha empresa. Al poco siguieron otros relatos y algunos de los escritos del propio san Francisco fueron celosamente guardados.

El libro más famoso de todos sea tal vez el de *Florecillas* o *Fioretti*, aunque difiere bastante de los otros. Se escribió hacia 1330 y se basaba en relatos que habían pasado a lo largo de los años de boca en boca. El episodio del lobo de Gubbio pertenece precisamente a esta colección.

En el año 1228, el papa Gregorio IX proclamó santo a Francisco y ordenó la construcción de una iglesia en su memoria. Dos años más tarde, los restos del santo se trasladaron a la nueva iglesia de Asís, que pasó a conocerse como la basílica de San Francisco. Durante los siguientes cien años más o menos, algunos de los pintores italianos más importantes decoraron sus paredes y su techo con unas preciosas pinturas llamadas «frescos», algunas de las cuales ilustran la vida de san Francisco.

Por desgracia, en 1997 la célebre basílica, y con ella muchos de sus frescos, resultó seriamente dañada tras un terremoto. Gran parte de la vecina localidad de Foligno quedó completamente destruida, incluido el campanario, construido según se dice en el mismo lugar donde Francisco vendió las prendas de lana y el caballo de su padre.

Tras la muerte de Francisco, la orden de los Frailes Menores que el santo había fundado fue rebautizada con el nombre de Orden Franciscana. Hoy en día, los franciscanos se hallan presentes en un gran número de países de todo el mundo.

Todos los años, cada 4 de octubre, se recuerda la figura de san Francisco.